COLLECTION

DE

TABLEAUX ET DESSINS

ORIGINAUX

APPARTENANT A

M. Félix RAVAISSON

TABLEAUX

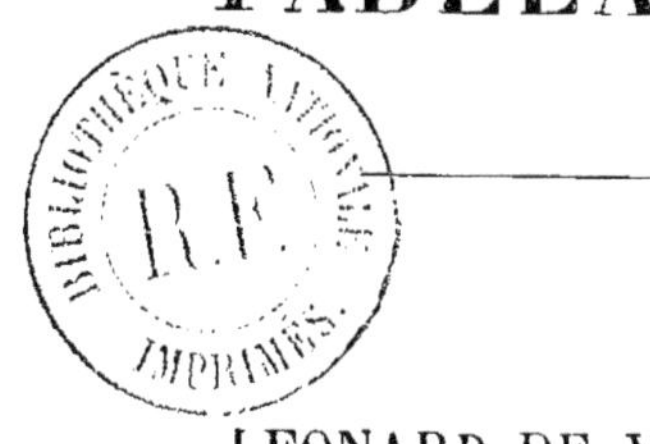

LEONARD DE VINCI

Madone et enfant Jésus.

Tableau commencé. Les vêtements ne sont que dessinés au trait.

Manière analogue à celle de la Vierge aux Rochers.

Les mains cependant, rappellent celles de la Joconde.

Sur bois.

Cadre à petits ornements dorés sur fond noir : du temps de l'auteur (peut-être de sa main ?)

Haut., 65 cent.; larg., 50 cent.

Sainte Catherine.

La sainte lève les yeux au ciel ; elle porte la main gauche à sa poitrine et tient de la main droite une palme. Ce tableau a beaucoup souffert.

Sur bois.

Haut., 65 cent.; larg., 48 cent.

LEONARD DE VINCI

Béatrix d'Este ?

Figure en pied, de grandeur naturelle. Peinture à tempéra.
Sur toile.

Haut., 1 m. 38 cent.; larg., 60 cent.

RAPHAEL SANZIO

Tête de jeune homme.

Étude peinte à l'huile sur papier, pour une des figures de l'école d'Athènes.

Haut., 23 cent.; larg., 19 cent.

Madone et enfant.

Sur bois.
Tableau non entièrement achevé. L'enfant Jésus tient un chardonneret. Première manière du maître.

Haut., 26 cent.; larg., 19 cent.

Madone et enfant.

Tableau non fini et qui a souffert.
L'enfant tient un chardonneret. Époque de la Vierge du palais Tempi.

Haut., 47 cent.; larg., 35 cent.

RAPHAEL SANZIO

Enfants.

Étude sur un motif fourni par un dessin du Pérugin.
Époque de la belle Jardinière.

Haut., 14 cent.: larg., 1 m. 15 cent.

ANDRÉ DEL SARTE

La Vierge, l'enfant Jésus et saint Jean.
Sur bois.

Haut., 80 cent. larg., 60 cent.

FRA BARTOLOMMEO

La Vierge, l'enfant Jésus, saint Jean et saint Joseph.

La Vierge, à demi agenouillée, tient sur le genou droit l'enfant Jésus qui bénit saint Jean-Baptiste. Dans le fond, saint Joseph appuyé sur un bâton. Le saint Joseph se retrouve presque semblable dans une composition de Raphaël. Il semble d'ailleurs que Raphaël ait mis la main au présent tableau.

Haut., 1 m. 15 cent.; larg., 88 cent.

Saint Dominique.
Saint François.
Sur bois.

Figures en pied, de grandeur naturelle.
Sur bois.
Deux côtés d'un triptyque?

Haut., 1 m. 17 cent.; larg., 47 cent.

FRA BARTOLOMMEO

Saint Dominique. — Sainte Rose.

Saint Dominique est agenouillé au pied d'un crucifix. Sainte Rose est agenouillée au pied d'un lit sur lequel est étendue morte sainte Catherine de Sienne.

Sur bois. Deux pendants.

Ces tableaux sont, comme les deux précédents, de la dernière manière du maître.

Exécution très fine.

Haut., 20 cent.; larg., 15 cent.

GIORGIONE

Deux femmes demi-nues à mi-corps.

Étude pour un tableau représentant Diane et Actéon qu'on voit à Hampton-Court.

Haut., 22 cent.; larg., 35 cent.

Tête de jeune homme, coiffé d'un bonnet noir.

Fragment d'un tableau.

Haut., 28 cent.   larg., 22 cent.

TITIEN

Vénus et l'Amour.

Vénus est demi-nue; l'Amour lui présente une branche feuillée dont il semble qu'elle va se couronner.

On voit dans le fond un paysage et, dans ce paysage, Mars amené par l'Amour.

Haut., 97 cent.; larg., 1 m. 23 cent.

TITIEN

La Vierge, l'enfant Jésus et deux anges.

Il existe des copies contemporaines de ce tableau, au Louvre et au Palais Pitti.

Ces copies en diffèrent en plusieurs points.

Haut., 95 cent.; larg., 95 cent.

Beau cadre italien sculpté.

Vénus endormie.

La Déesse, nue, est couchée sur l'herbe, la main gauche appuyée sur un vase à parfums; de la main droite, elle tient des cerises.

Première manière du maître.

Haut., 61 cent.; larg., 1 m. 10 cent.

VÉRONÈSE (PAUL)

Tête d'enfant.

Cette tête devait être celle d'un ange faisant partie d'un tableau.

Haut., 32 cent.; larg., 25 cent.

LE CORRÈGE

La Madeleine.

Elle est debout, dans une grotte tapissée de feuillage et de fleurs blanches (comme celles qu'on voit dans l'Antiope), à demi vêtue d'une draperie bleue, appuyée du bras droit sur un livre ouvert, et tient de la main droite un petit vase d'or.

Cette Madeleine ressemble, à beaucoup d'égards, à celle du musée de Dresde.

Peint sur toile.

Haut., 37 cent.; larg., 30 cent.

Joli cadre italien sculpté à jour.

LE CORRÈGE

Deux anges.

De grandeur colossale. Étude à l'huile pour un des penden tifs de la coupole de la cathédrale de Parme ; du même genre que celles qu'on voit à Londres dans la galerie Dudley.

La tête du plus jeune des deux anges n'est qu'ébauchée en grisaille et, dans la coupole, est remplacée par un nuage.

Haut., 65 cent.; larg., 87 cent.

Cadre italien sculpté.

ROSALBA

Portrait d'un jeune prince de Saxe.

Haut., 30 cent; larg., 24 cent.

Pastel.

MURILLO

L'enfant Jésus apparaissant à saint Antoine de Padoue.

La table sur laquelle l'enfant Jésus est debout, est couverte d'un tapis rouge qui se retrouve dans une esquisse du même maître, appartenant à **M. Marcille.**

Haut., 95 cent.; larg., 1 m. 18 cent.

MURILLO

Une femme, des enfants, des moutons.

Esquisse.

Haut., 20 cent.; larg., 35 cent

VELASQUEZ

Portrait d'homme.

Pourpoint noir, large col blanc.

Haut., 65 cent.; larg., 43 cent.

Jeune fille tenant un bouquet de fleurs.

Haut., 60 cent.; larg., 41 cent.

REMBRANDT

Portrait de Saskia, première femme de l'auteur.

Elle termine sa toilette. Un miroir, placé à sa droite, lui renvoie une vive lumière qui laisse les mains dans l'ombre. En haut, à gauche, vestiges de la signature et de la date.

Haut., 75 cent.; larg., 65 cent.

Portrait d'un homme coiffé d'un bonnet.

Sur bois. Dernière manière de l'auteur.

Haut., 25 cent.; larg., 19 cent.

REMBRANDT

*Une femme fait la lecture à une autre plus âgée,
un enfant endormi dans un berceau.*

Probablement la mère, la femme et le fils de Rembrandt.
Signé : R. V. R. (Rembrandt van Rhyn).

Un tableau semblable, avec un personnage de plus, fai-
sait partie de la galerie d'Orléans et a été gravé.

Haut., 16 cent.; larg., 18 cent.

Paysage.

Collines au bord de la Meuse. Sur le devant, des bestiaux qui boivent. Sur la Meuse, des barques, dont la plus
grande porte plusieurs personnages et un carrosse attelé
de quatre chevaux.
Sur bois. Signé : REMBRANDT à gauche, en bas.

Haut., 62 cent.; larg., 90 cent.

Paysage.

Bestiaux sur le devant, rivière portant un bateau à voile ;
commencement d'orage. Esquisse. Signé : REMBRANDT.

Haut., 20 cent.; larg., 30 cent.

HOBBEMA

*Chaumière entourée d'arbres, dont un grand chêne
et un hêtre.*

Trois paysans (de la main du maître).
Sur bois. Cadre sculpté.

Haut., 50 cent.; larg., 67 cent.

WILHELM VAN DE VELDE

Combat naval.

Nombreux navires ; nombrenx personnages ; gros nuages formés par la fumée des canons.
Sur bois.

Haut., 48 cent.; larg., 59 cent.

Une plage

Au loin, plusieurs navires très finement touchés. Quelques personnages.
Sur toile.

Haut., 31 cent.; larg., 38 cent.

Le coup de canon

Aquarelle. Un grand navire tire le canon ; plusieurs autres bâtiments.

Haut., 10 cent.; larg., 65 cent.

STEEN (JEAN)

Ménétrier et villageois.

Sur bois.

Haut., 38 cent.; larg., 52 cent.

VAN DER NEER

Clair de lune sur un canal.

Au premier plan, un pêcheur tendant ses filets.

Haut., 52 cent.; larg., 37 cent.

Coucher de soleil sur un canal.

Plusieurs personnages.

Haut., 44 cent.; larg., 47 cent.

RUBENS

Saint Pierre, saint Paul.

Deux bustes, avec mains, faisant pendants.
Cadres sculptés.

Haut., 63 cent.; larg., 49 cent.

VAN DYCK

Portrait de Côme II, grand-duc de Toscane.

Étude, d'après nature, pour le grand portrait de la Tribune du Musée des Offices, à Florence. Derrière la toile une étude de main, également de Van Dyck.

Haut., 55 cent.; larg., 44 cent.

TENIERS (DAVID)

La Tentation de saint Antoine.

Autour du saint, nombreuses figures fantastiques. Une
vieille femme joue d'un instrument de musique.

Haut., 37 cent.; larg., 30 cent.

JORDAENS

Le meurtre d'Argus.

Près du corps d'Argus et de la tête qui vient d'en être
séparée, on voit la vache Io et Junon assise à terre.

Haut., 1 m. 65 cent.; larg., 1 m. 15 cent.

HOLBEIN

*Portraits d'un homme (Thomas Morus?) et de sa
femme.*

Ces portraits, qui font pendants, sont datés de 1520.

Sur bois.

Haut., 37 cent.; larg., 29 cent.

Portrait d'homme.

Sur bois. Sur le pourpoint, en grandes capitales, les
lettres H H.

VAN EYCK?

La sainte Vierge, tenant dans ses bras l'enfant Jésus.

Sur bois.

A droite et à gauche deux anges faisant de la musique. Ce tableau offre de grands rapports avec un autre qui se trouve au musée de Madrid, et qui y est attribué à l'école de Cologne.

Haut., 56 cent.; larg., 45 cent.

HOGARTH

Un meurtre dans un bal masqué.

Un jeune homme en a blessé à mort un autre. Un moine confesse celui-ci. Des magistrats interrogent le meurtrier. La femme qui a été l'occasion de la querelle, s'évanouit. Nombreux personnages. Scènes très animées.

Haut., 75 cent.; larg., 91 cent.

POUSSIN (NICOLAS)

Bacchanale.

Des bacchants et bacchantes dansent devant un temple. Sur le premier plan dorment couchés une nymphe et un enfant. A droite, assis, Bacchus et un satyre.

Haut , 70 cent.; larg., 95 cent.

POUSSIN (NICOLAS)

Enfants.

Étude. Un enfant dort couché sur une draperie blanche. D'autres ne sont qu'ébauchés. Au fond, un vase orné d'un bas-relief.

Haut., 34 cent. larg., 42 cent.

CLAUDE LORRAIN

Paysage.

Près d'un temple d'ordre ionique, Mercure s'approchant d'Argus, la vache Io et d'autres animaux. Grands arbres, beaux lointains, ciel clair. Le dessin de ce tableau fait partie du *liber veritatis*.

Haut., 68 cent.; larg., 72 cent.

Paysage.

Soleil couchant. Sur le devant, l'ange Raphaël et le jeune Tobie; un berger gardant des chèvres.

Haut., 45 cent.; larg., 68 cent.

BOUCHER

Jeune femme se lavant les pieds.

Un homme caché derrière des roseaux épie la jeune femme; celle-ci s'en aperçoit et témoigne son effroi.

Haut., 62 cent.; larg., 1 m. 38 cent.

WATTEAU

Noce de village.

Les mariés sont à table sous une tente, dans un paysage. Divers autres personnages.

Haut., 14 cent.; larg., 24 cent.

CHARDIN

Portrait d'homme.

Ce portrait, signé, est peut-être celui de l'auteur.

Haut., 35 cent.; larg., 30 cent.

DESSINS

FILIPPO LIPPI

Tête de vieillard.

Dessin à la pointe d'argent. Étude pour un tableau du Louvre.

Haut., 17 cent.; larg., 13 cent.

DONATELLO

Quatre femmes assises.

Etude à la plume.

Haut., 20 cent.; larg., 30 cent.

LÉONARD DE VINCI

Portrait de Raphaël.

Dessin à plusieurs crayons; comme les deux grands que possède la bibliothèque Ambroisienne.

Raphaël porte les cheveux longs et un petit chapeau ou chaperon.

Haut., 63 cent.; larg., 48 cent.

LÉONARD DE VINCI

Portrait de Raphaël?

Très semblable au précédent.

Haut., 36 cent.; larg., 26 cent.

LANINO

La Vierge, l'enfant Jésus, et deux saints agenouillés.

Haut., 40 cent.; larg., 32 cent.

RAPHAEL

Un vieillard, un moine et un autre personnage.

Dessin à la plume.

Haut., 27 cent.; larg., 17 cent.

ROMAIN (JULES)

Saint Pierre frappe de mort Saphira.

Derrière saint Pierre un autre apôtre. Divers autres personnages. Aquarelle et gouache.

Haut., 25 cent.; larg., 22 cent.

RUBENS

Le baptême du Christ.

Dessin à la pierre d'Italie.

Haut., 30 cent.; larg., 25 cent.

CORRÈGE

Tête de Christ.

Etude à la pierre d'Italie, pour la sainte Face du Musée de Berlin.

A fait partie de la collection de Pierre Lély.

Haut., 25 cent.; larg., 22 cent.

PARMESAN

Deux femmes et un enfant.

Dessin à la sépia.

Haut., 17 cent.; larg., 12 cent.

TITIEN

Paysage.

Chaumière entourée d'arbres, à la sépia.

Haut., 30 cent.; larg., 24 cent.

TITIEN

Paysage.

Haut., 30 cent.; larg., 23cent.

Sur une colline, le sacrifice d'Abraham.
A la plume.

Haut.,   cent.; larg.,   cent.

REMBRANDT

Jeune homme dessinant.

Dessin à la sépia, de la dernière manière de l'auteur.

Haut., 15 cent.; larg., 20 cent.

Paysage.

Chaumière entourée d'arbres; personnages et bestiaux.
Dessin à la sépia.
Signé: REMBRANDT.

Haut., 13 cent.; larg., 30 cent.

Le sacrifice d'Abraham.

A la sépia.

Haut., 16 cent.; larg., 20 cent.

WILHELM VAN DE VELDE

Marine.

A la plume.

Haut., 06 cent.; larg., 16 cent.

WATTEAU

Jeune !femme.

Aux crayons noir et rouge.

Haut., 19 cent.; larg., 21 cent.

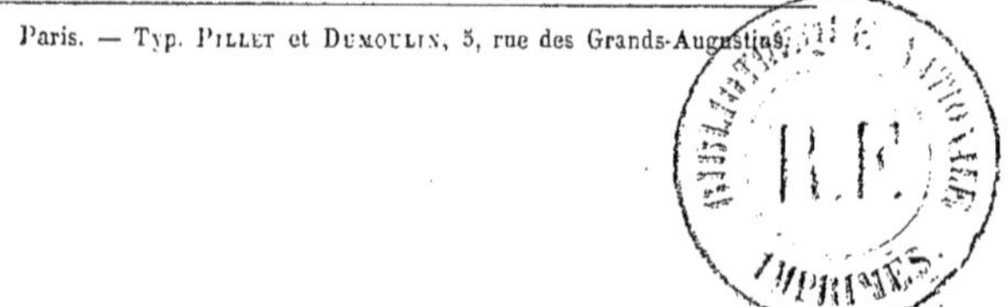

Paris. — Typ. PILLET et DUMOULIN, 5, rue des Grands-Augustins.

www.ingramcontent.com/pod-product-compliance
Ingram Content Group UK Ltd.
Pitfield, Milton Keynes, MK11 3LW, UK
UKHW022347170726
13837UKWH00005BA/2467